Adrian! Ich hab´s geschafft.

Susanne Henneke

Frauen verkaufen anders

Die Frau, die ihren Umsatz verdoppelte - und andere unglaubliche Geschichten

© 2021 Susanne Henneke
Illustrationen: Malte von Tiesenhausen
Foto: bettina-bentheim
Lektorat: Nele Al-Osman

Verlag & Druck: tredition GmbH, Halenreie 40-44, 22359 Hamburg

ISBN
Paperback   ISBN 978-3-347-49543-2
Hardcover   ISBN 978-3-347-49544-9
e-Book   ISBN 978-3-347-49545-6

1. Auflage November 2021
2. Auflage März 2025

Die Texte in diesem Band sind eine Auswahl von überarbeiteten Kolumnen und Blogartikeln sowie bislang unveröffentlichten Texten.

Inhalt

Vorwörtchen

Es war einmal … so fangen viele Märchen an und enden oftmals im Happy End. Es war einmal eine Frau, die hatte Spaß am Verkaufen, und gerade deshalb verkaufte sie anders. Mit Begeisterung und mit Erfolg. Nachhaltig. Genau das soll Sinn und Zweck dieses Buches sein. Sie mit zauberhaften wahren Geschichten zu inspirieren, dass verkaufen kein Horrortrip ist, sondern ein Spiel mit gutem Ausgang. Das glauben Sie nicht? Dann fragen Sie sich mal: Warum halten Sie dieses Buch in Ihren Händen? Vielleicht haben Sie es geschenkt bekommen oder der Titel hat Sie angesprochen oder Sie brauchten einfach mal wieder eine Lektüre für zwischendurch. Vielleicht ist es aber auch so, dass Sie verkaufen schwierig finden, dass Sie Angst vor Ablehnung haben und eigentlich gar nicht verkaufen wollen. Umso besser. Denn ich möchte mit vielen Menschen in eine neue Ära des Verkaufens vordringen. In eine, die Spaß macht. Wo die richtigen Worte an der richtigen Stelle des Gesprächs gesprochen, eine Punktlandung für Sie bedeuten.

Die Geschichten stammen aus meinen Kolumnen und Blogs, die ich seit vielen Jahren mehr oder weniger regelmäßig schreibe. Ich bin mit dem Verkäuferin-Gen geboren. Mir fiel verkaufen immer schon leicht. Ja, das sind gute Voraussetzungen und als Optimistin sehe ich sowieso mehr die Sonnenseiten. Gleichzeitig kenne ich auch den Schatten. Die Frage ist: Worauf konzentrieren wir uns? Und hier sind wir schon bei einem ganz wichtigen Punkt: der eigenen Persönlichkeit. Wie sieht es in Ihrem Hinterstübchen aus? Kreisen die Gedanken? Machen diese Sie fertig?

Keine Sorge: Dieses Buch ist keine Psychoanalyse. Haben Sie einfach Freude beim Lesen. Schmunzeln ist erlaubt und erwünscht. Vielleicht erkennen Sie sich an der einen oder anderen Stelle wieder. Oder Sie haben ähnliche Situationen mit „schlechten Verkäufer:innen" erlebt und Sie sagen: Ja, so war das. Oder: Oh, nein …

Wenn Sie beim Lesen des Buches Parallelen zu Ihrem eigenen Business finden, Impulse zum Ausprobieren mitnehmen und diese mit Ihrem Team umsetzen: Dann freue ich mich mit Ihnen. Und jetzt wünsche ich Ihnen eine kurzweilige Zeit mit dem Lesestoff.

Herzliche Grüße
Susanne Henneke
Die Verkaufs-Mentorin

1 – Verkaufen? Ein böses Wort?

Wenn Sie das Wort „Verkauf" bei Woxikon (einem Synonymverzeichnis) eingeben, erhalten Sie u. a. folgende Begriffe: Markt, Handel, Gewinn, Umsatz, Vertrieb, Warentausch. Klingt gar nicht so böse, oder? Menschen, besonders Frauen, verbinden das Wort Verkauf mit negativen Erlebnissen, den eigenen und den gehörten.

Beispiele: Sie haben zu viel bezahlt. Dann fühlen Sie sich vom Verkäufer übers Ohr gehauen. Oder Sie haben etwas gekauft, weil Sie totgequatscht wurden. Jetzt, wieder zu Hause, stellen Sie fest, dass Sie es doch nicht brauchen. Wer ist schuld? Klar – die Verkäuferin. Oder das Thema Versicherungen. Diese werden oft über Angst verkauft, d. h., Ihnen wird aufgezeigt, was passieren könnte (Anmerkung: Niemand erzählt Ihnen, wie hoch die Wahrscheinlichkeit ist, dass dies tatsächlich eintrifft). Und wenn Sie dann nicht dagegen versichert sind: Halleluja, das ist dann die Katastrophe oder Sie sind schlecht beraten worden. Es hätte etwas gegeben, das viel besser zu Ihnen und Ihren Bedürfnissen gepasst hätte. Sie ärgern sich, weil Sie nicht richtig beraten wurden.

Stimmt. Das sind negative Erlebnisse. Wenn ein Verkauf so abläuft, dann ist dieser schlecht gemacht. Verkaufen ist negativ, wenn die Verkäufer:innen nur die eigenen Interessen verfolgen, nur den Umsatz im Blick haben und nur an die eigenen Leistungen/Produkte denken. Verkaufen ist negativ, wenn die Verkäufer:innen lustlos sind und ihnen die Kundschaft schnurzpiepegal ist.

Fakt ist: Unser Gehirn merkt sich Negatives viel leichter als Positives. Sie haben 100-mal etwas Gutes beim Kaufen erlebt und 1-mal etwas Schlechtes. Was erzählen Sie Ihrer besten Freundin? Na klar, das negative Erlebnis. Das Gute will ja auch keine hören …

Gleichzeitig sind wir verunsichert: Meint der Verkäufer es wirklich ehrlich mit mir? Wie können Sie das feststellen? Indem Sie darauf achten, ob Ihnen Fragen gestellt werden. Dann wissen Sie: Es geht um mich. Achten Sie auch darauf, ob die Verkäuferin nur von sich spricht (ich habe das auch, bei mir funktioniert das super… ich, ich, ich). Und was ist mit Ihnen? Ich möchte eine Lanze brechen für gute Verkäufer:innen.

Für die, die sich für Ihre Kundschaft interessieren und sich für eben diese begeistern.

Für die, die bedarfsorientiert verkaufen und auf die Wünsche der Kundschaft Rücksicht nehmen.

Für die, denen die Zufriedenheit der Kundschaft wichtig ist.

Für die, die auch abraten, weil etwas nicht zur Kundschaft passt.

Für die, die etwas verkaufen, das einen echten Mehrwert bietet.

Für die, bei denen wir aus tiefster Überzeugung und freiwillig mehr kaufen, als wir ursprünglich wollten, weil sie so viel Energie, Ideen und Leidenschaft in uns gesteckt haben.

Dann ist „verkaufen" kein böses Wort. Dann macht kaufen Spaß.

Verkaufen ist Kunst. Kunst kommt von können.

Gerne denke ich an ein Verkaufserlebnis, das schon Jahre zurückliegt: Ich probierte einen Mantel an, er war schön, passte und ich brauchte einen. Dann kam eine Verkäuferin um die Ecke, schaute mich an, lächelte und sagte: „Schöner Mantel, warten Sie bitte, ich habe gerade eine Idee für Sie." Sie flitzte weg, kam nach ein paar Sekunden wieder und sagte:

„Darf ich?" Ich sagte neugierig ja. Und dann hängte sie mir einen superschönen, kuschelweichen Schal um den Hals, der perfekt zu dem Mantel und mir passte. Sie lächelte. Und ich sagte, nach einem Blick in den Spiegel: „Ich finde Sie richtig doof." Dann haben wir beide gelacht. Selbstverständlich habe ich den Schal gekauft, obwohl ich gefühlt noch 10 andere im Schrank hatte …

Wenn sich Menschen schon von Ihrem Geld trennen, dann darf das auch Spaß machen. In diesem Sinne: viel Spaß beim Verkaufen mit Leidenschaft.

2 – Das ist aber ganz schön teuer!

Was passiert, wenn Sie nicht verstehen, was Ihre Kundschaft tatsächlich kauft?

Das Thema Preis-Stolz, also zu den eigenen Preisen stehen, wird sowohl von Angestellten als auch von Freiberufler:innen total unterschätzt.

Ein Beispiel:

Eine Frau kommt in die Apotheke und hat etwas über eine Wimperntusche gelesen, die schöne, voluminöse Wimpern zaubern soll – die soll es sein. Die Frau wird gut beraten. Dann fragt die Kundin nach dem Preis.

Mitarbeiterin: „29,95 €."

Kundin: „Das ist aber ganz schön teuer."

Mitarbeiterin: „Das finde ich auch."

Finde den Fehler!!! Mein Verkäuferin-Herz blutet. Was ist passiert?

1. Die Mitarbeiterin stand nicht hinter dem Preis.

2. Die Mitarbeiterin würde nicht so viel Geld für Wimperntusche ausgeben.

3. Die Mitarbeiterin hat vergessen, dass es hier nicht um sie, sondern um die Kundin geht.

4. Die Mitarbeiterin hat vergessen, dass Umsatz Ihren Job sichert.

5. Die Mitarbeiterin hat vergessen, was die Kundin tatsächlich gekauft hätte: Sie kauft nicht Wimperntusche für 29,95 €. Sondern sie kauft Schönheit, Hoffnung, den Gedanken an den nächsten Tag: Wie toll sehe ich morgen mit dieser Wimperntusche aus? Die Kundin kauft ein Bild von ausdrucksvollen Augen, ein Gefühl von Glück.

Dieses Gefühl von Schönheit wurde durch die unachtsame Killerphrase der Mitarbeiterin „Das finde ich auch" zerstört. Schade. Eine zufriedene Kundin und der Umsatz sind verloren.

Begeistern Sie sich für die Wünsche Ihrer Kundschaft.

Stehen Sie hinter Ihren Preisen, wie ein Fels in der Brandung. Ich nenne das Preisstolz©.

Knallen Sie der Kundin den Preis nicht einfach vor den Latz (29,95 €!), sondern formulieren Sie weich: „... für täglich schöne volle Wimpern ... €." Begeistern Sie sich für Ihre Produkte. Dann begeistern Sie Ihre Kundschaft und diese kauft nicht nur, sondern sie erinnert sich auch an das gute Gefühl, das sie während des Kaufens hatte. Diese Kund:innen kommen wieder.

Und überlegen Sie mal, was Ihre Kund:innen bei Ihnen tatsächlich kaufen. Hoffnung, Schönheit, Sicherheit ...

03 – Businesskleid oder Presswurst

Gerne erzähle ich in meinen Seminaren die Geschichte von dem neuen Businesskleid. Eine meiner Freundinnen arbeitet als Assistentin der Geschäftsleitung. Sie benötigte ein neues Businesskleid und fragte mich, ob ich sie begleiten wolle. „Nö, Shoppen ist so gar nicht meins, ich arbeite lieber an meiner Selbstständigkeit." Das war ein Scherz! Mit Freude sagte ich Ja und wir fuhren los.

In dem Geschäft stöberten und schauten wir – keine Verkäuferin war in Sicht. Also nahmen wir einige Kleider mit in die Umkleidekabine.

Meine Freundin zog ein dunkelblaues Etuikleid an und kam aus der Kabine, d. h., ich dachte, es sei meine Freundin. Tatsächlich sah ich eine Presswurst. Das Kleid war viel zu eng. Das Atmen fiel ihr schwer. Ich wollte gerade sagen: „Beweg' dich nicht, sonst platzt die Naht." Als eine schlecht gekleidete (ja, es ist mir bewusst, dass ich bewerte) Verkäuferin auf uns zukam mit den Worten:

„Oh, das sieht ja toll aus."

Ich: „Was genau finden Sie denn toll?"

Verkäuferin: „Ja, das Kleid, das finde ich so schön."

Ich: „Finden Sie nicht, dass es etwas (ich suchte nach dem richtigen Wort) spannt?" (Um nicht zu sagen: Es passt nicht!!!)

Verkäuferin, grinst verlegen: „???"

Ich: „Danke, wir kommen allein zurecht."

Finde die Fehler!!!

1. ICH ist kein Nutzen für eine Kundin. Im Verkauf gilt die SIE-Kommunikation.

2. Die Verkäuferin hat vergessen, dass es um die Bedürfnisse der Kundin geht.

3. Die Verkäuferin war nicht ehrlich.

4. Die Verkäuferin war nicht geschult.

5. Die Verkäuferin hatte kein Interesse an dem Kaufgrund und der Kundin.

Es wäre so einfach gewesen. Hier ein kleiner Auszug an Ideen:

Die Verkäuferin hätte einfach fragen können, für welchen Anlass gesucht wird. Das wäre ein guter Anfang gewesen. Dann hätte sie die Kundin angeschaut und die richtige Größe geschätzt. Sie hätte gefragt, ob die Freundin auf ein Kleid festgelegt ist oder ob es auch ein Kostüm sein darf. Und dann hätte sie ein komplettes Outfit gebracht: Kleid oder Kostüm, Tuch, Blazer, Tasche …

Und wenn die Kundin mit diesem Outfit aus der Kabine geschwebt wäre, dann, im richtigen Moment, hätte die Verkäuferin noch eine perfekt dazu passende Kette hervorgezaubert. Voilà.

Das verstehe ich unter grandiosem Service an der Kundschaft, der ins Herz trifft. Und das Schönste daran: Dann ist der Preis kein Thema mehr.

Meine zwei Tipps

1. Interessieren Sie sich ehrlich für Ihre Kund:innen.

2. Begeistern Sie sich – dann begeistern Sie Ihre Kund:innen.

So einfach geht verkaufen.

04 – Professioneller Umgang mit dem Nein

Verstehen Sie mich bitte richtig: Manchmal möchten wir gerne das große „Budibuh", das große Bedauern. Denn irgendetwas läuft nicht so, wie wir es uns gewünscht haben: Wir erhalten ein NEIN.

„Bekomme ich eine Gehaltserhöhung?" Nein.

„Erhalte ich den Auftrag?" Nein.

„Geht die Hose zu?" Nein.

Und schon befinden wir uns im Strudel des Selbstmitleids und ziehen uns in unser Schneckenhaus zurück: Nie bekomme ich mehr Geld, immer nur die anderen. Mein Angebot (ich) war nicht gut genug, die anderen sind besser, deshalb habe ich den Auftrag nicht bekommen. Die Hosen werden nur noch für Menschen hergestellt, die so dünn sind, dass sie gefaxt werden können.

Ach ja? Ist das wirklich so?

Um was geht es hier tatsächlich? Die anderen sind besser, schlanker, erfolgreicher …?

Der Vergleich ist des Erfolges Tod.

Wenn Sie sich mit anderen vergleichen, dann verlieren Sie. Nicht nur den Glauben an das eigene Können, sondern auch den Glauben an den eigenen Erfolg. Denn im Vergleich suchen Sie förmlich nach

Stellen, wo Sie „schlechter" sind und andere „besser".

Ein NEIN wirkt wie eine Ablehnung (keiner hat mich lieb, keiner will mich). Unser Rucksack voller NEINs wird schwerer, da sich im Laufe unseres Lebens viele Neins ansammeln:

„Willst du mit mir gehen?" Nein.

„Bekomme ich noch …?" Nein.

Schluss mit der Selbstkasteiung. Analysieren Sie professionell und stellen Sie sich die richtigen, lösungsorientierten Fragen. Warum haben Sie nicht mehr Geld bekommen? Welche Gründe vermuten Sie? Wie gut waren Sie auf das „Verkaufen" Ihrer Person vorbereitet? Hatten Sie schlagkräftige Argumente? Oder nutzten Sie den Song „Hey Boss, ich brauch' mehr Geld" als Steilvorlage? Haben Sie nur von sich erzählt und vergessen zu sagen, welchen Vorteil das Unternehmen dadurch hat? „Ich, ich, ich" anstelle von „Dadurch haben Sie …"?

An welcher Stelle im Gespräch hatten Sie den Eindruck: Hier passiert gerade etwas zu Ihren Ungunsten? Wie und was machen Sie beim nächsten Mal anders?

Fragen Sie ruhig einmal Ihren verpassten Auftraggeber, was den Ausschlag für seine Entscheidung gegeben hat, und hören Sie gut zu. War es wirklich, weil der andere besser, erfahrener ist oder hat dem potenziellen Kunden etwas ganz anderes gefehlt?

Haben Sie Ihren potenziellen Kunden tatsächlich begeistert und eine saubere Bedarfsermittlung durchgeführt? Haben Sie ihn totgequatscht oder kam er zu Wort? Haben Sie erfahren, was Ihr potentieller Kunde tatsächlich will und was ihm ganz besonders wichtig ist? Was machen Sie bei der nächsten Verhandlung anders?

Wer ist für die Hose verantwortlich? Die Industrie? Die Hose? Der Reißverschluss? Ja, diese Analyse kann ein bisschen schmerzen. Denn wir stellen fest: Die Verantwortung dafür, wie ich mit der Situation umgehe, trage ich. Auch die Art und Weise, wie ich mit mir spreche:

SO: Du bist aber auch selber schuld, zu blöd …

oder

SO: Was mache ich zukünftig anders? Wie löse ich das?

…. Und doch ist er schön, der Schneckenhausmoment, der Moment des Quakens und des Jammerns. Und manchmal, wenn wir dann das große „Budibuh" bekommen (von einem lieben Menschen), dann wissen wir: Jetzt geht es mir wieder besser. Jetzt kann ich es angehen – analysieren, mir die richtigen Fragen stellen und das NEIN als Übung sehen. Das war ein schöner Lernerfolg. Dankeschön. Beim nächsten Mal mache ich es anders.

Übrigens:

Ein NEIN im Verkauf ist ein auf den Kopf gestelltes Kaufsignal. Ihr Gegenüber möchte kaufen, hat nur noch nicht verstanden, warum und wo der persönliche Nutzen zu finden ist.

NEIN = Noch Ein Impuls Notwendig

Denken Sie an die andere Seite des NEINS: Ein Nein hat auch etwas Gutes. Es kann SIE schützen. Vor schlecht bezahlten Aufträgen, vor Menschen, mit denen Sie „eigentlich" nicht zusammenarbeiten wollen, …

Fazit: Ein NEIN für etwas – ist ein JA für Sie!

05 – Erfolgreiche Business-Telefonate

Sie möchten Telefonate mit Ihrer Kundschaft führen, weil Sie Lust auf Akquise haben (grins), weil Sie ein Angebot nachtelefonieren oder etwas Wichtiges klären möchten. Was ist besonders wichtig, wenn Sie mit Kund:innen telefonieren?

Sorgen Sie für Ruhe an Ihrem Arbeitsplatz, stellen Sie Ihr Mobiltelefon auf lautlos mit dem Display nach unten oder schalten Sie es aus. Somit sorgen Sie dafür, dass Sie ganz bei Ihrer Kundschaft sind und nicht abgelenkt werden.

Wenn Sie unterwegs oder im Auto sind: Bitte rufen Sie bei wichtigen Dingen nicht während der Fahrt an. Schnell denkt Ihre Kundschaft: „Die nimmt sich nicht mal Zeit für ein Gespräch in Ruhe."

Wenn Sie zu Hause arbeiten: Stellen Sie sicher, dass Sie ungestört sind, ggf. informieren Sie Ihre Familie. Eine Teilnehmerin sagte mir, dass Sie ein rotes Post it an ihre Bürotür klebt, dann weiß die Familie: Zutritt verboten. Schalten Sie ggf. die Türklingel auf lautlos. Schalten Sie Ihren PC auf lautlos und das Radio aus.

Ihre Kundschaft hört ALLES. Aus diesem Grund sorgen Sie für Ruhe. Jedes Hintergrundgeräusch signalisiert, dass Sie nicht mit 100%iger Aufmerksamkeit bei der anderen Person sind. Rauchen, essen und trinken Sie bitte nicht während des Gespräches. Aus gegebenem Anlass: Kauen Sie kein Kaugummi beim Telefonieren. Ohne Worte. Papier und Stift (der schreibt) liegen griffbereit.

Es ist unprofessionell zu sagen: „Oh, warten Sie bitte, ich hole mir gerade etwas zum Schreiben." Oder noch schlimmer: „Mist, der Stift schreibt nicht." Stellen Sie Ihr E-Mailprogramm auf offline, damit Sie nicht von eingehenden Mails abgelenkt werden. Ihr roter Faden (Leitfaden) für Ihre Gesprächsführung liegt parat. Sie sind auf mögliche Einwände, z. B. zu teuer, wir haben schon jemanden …, vorbereitet.

Tipp: Schreiben Sie sich nach jedem Gespräch einen neuen Einwand auf. Überlegen Sie: Was kann ich zukünftig sagen, wenn „wir haben kein Interesse" gesagt wird.

Überlegen Sie, was für Sie praktikabler ist: Ein Headset oder ein Telefonhörer? Hier gibt es kein richtig oder falsch. Wichtig ist, dass Sie sich damit wohlfühlen und die Akustik stimmt. Klemmen Sie den Hörer nicht zwischen Ohr und Schulter ein: Ihre Kundschaft hört Sie dann undeutlicher.

Der Anrufbeantworter

Draufsprechen oder nicht? Grundsätzlich ist es von Vorteil, die betreffende Person direkt an „die Strippe" zu bekommen. Dies gilt ganz besonders bei der Kaltakquise oder beim Nachtelefonieren von Angeboten. Wenn Sie Ihrer Kundschaft Informationen auf den Anrufbeantworter hinterlassen, dann denken Sie daran, Folgendes mitzuteilen: Ihre Telefonnummer (auch wenn Sie nur Bescheid sagen, dass die Bestellung eingetroffen ist). Bitte nicht: „Ich bin's." Sagen Sie Ihren Vor- und Zunamen, ggf. plus Firmennamen, Ihre Öffnungszeiten oder die besten Zeiten, wann Sie erreichbar sind. Dadurch telefoniert Ihre Kundschaft sich „keinen Wolf", sondern Sie zeigen Ihre Professionalität. Bitte sagen Sie nicht: „Sie haben ja meine Nummer." Grrrr. Ja, vielleicht hat Ihre Kundschaft irgendwo Ihre Nummer, gleichzeitig gerade nicht zur Hand ... Es gilt: Machen Sie es der anderen Person so einfach wie möglich.

Dies bedeutet auch, dass Ihr eigener Anrufbeantworter spätestens nach dem 3. Klingeln anspringt. Beleidigen Sie nicht die Intelligenz Ihrer Kund:innen durch negative Sätze wie: „Ich bin zur Zeit leider nicht erreichbar." Ja, das weiß ich, wenn das elektronische Gerät anspringt, grrrr. Formulieren Sie positiv, das wirkt lösungsorientiert und zugleich professionell, z. B. „Sicher gibt es Wichtiges" oder „Gerne können Sie mir eine Nachricht hinterlassen" oder „Sie erreichen uns/mich zu folgenden Zeiten" ...

Telefonieren Sie nach FALKE

F – freundlich

A – aktiv zuhören

L – lösungsorientiert

K – kurze Sätze

E – energievoll und interessiert

Tipp: Freundlich auflegen – warten Sie einfach, bis Ihre Kundschaft zuerst auflegt.

Zum Schluss: Denken Sie an nutzenorientierte Formulierungen. Was hat Ihre Kundschaft von Ihrem Anruf, Ihrem Produkt oder Ihrer Dienstleistung in einem Satz?

06 – Keinen Kuchen für die ganze Welt backen

Die Kunst, es allen recht machen zu wollen. „Everybody's Darling is everybody's Depp."

Der Wunsch nach Harmonie, von allen gemocht zu werden, ist ein Phänomen – besonders bei Frauen. Dieses Harmoniebedürfnis ist ein stetiger Kampf mit uns selbst. Lieber „Ja" sagen und zustimmen, als andere zu enttäuschen oder gar einen Konflikt hervorzurufen.

Nach außen anders zu wirken, als wir uns im Inneren fühlen, bereitet unserem Körper Stress. Dieser Stress spiegelt sich in unserem ganzen Auftreten wider.

Dies durfte ich mit Anfang 30, neu im Pharma-Außendienst, erfahren. Gemeinsam mit einem erfahrenen Kollegen besuchte ich einen Internisten. Wir saßen dem Arzt gegenüber und ich fühlte mich unwohl. Wer war ich denn, dass ich einem Facharzt sagen soll, wie seine Therapie auszusehen hat? Um dies zu kaschieren, versuchte ich, nach außen den Schein zu wahren, und hoffte inständig, dass ich nichts gefragt werde. Mein Kollege redete fachliches Zeug. Plötzlich fixierte mich der Arzt und sagte: „Ihre nonverbale Kommunikation stimmt nicht." Ich erstarrte zur Salzsäule.

Mein Kollege schaute mich mit diesem „Was-machst-du-denn-da-Blick" an. Und ich … sagte nichts. Verlust der Muttersprache. Im Geiste lief ich weg, weil ich mich ertappt fühlte. Ich war enttarnt. Also lächelte ich noch blöder und dachte an Kündigung. Im Nachhinein betrachtet, hätte ich ihm meine Bedenken schildern können und wir wären in einen sachlichen Austausch gegangen. Doch ich hatte Angst vor Ablehnung. Angst, dass ich den Arzt als Kunden und somit meine zukünftigen Umsätze verlieren könnte. Ein Fehler. Den Schein nach außen zu wahren, machte meine Körpersprache nicht mit.

Heute, 20 Jahre später, denke ich lächelnd an die Situation zurück. Ich habe an diesem Tag im Sprechzimmer viel gelernt: Sei du selbst. Sei authentisch. Hier gilt es zu unterscheiden zwischen freundlichen Gesten und es dem anderen Recht zu machen.

Mit Freundlichkeit vermitteln wir unserem Gegenüber ein gutes Gefühl. Dies ist eine gesunde Basis für gute Beziehungen. Das bedeutet aber nicht, zu allem „Ja und Amen" zu sagen.

Wenn wir unsere Meinung und unsere Bedürfnisse zurückstellen, nicht wir selbst sind, dann schüttet unser Körper Stresshormone aus. Unsere Atmung, unser Puls und unsere Stimme werden beeinflusst. Ist das gut für uns? Nein. Ganz im Gegenteil. Unser Wohlfühllevel geht in den Keller und nimmt auf

Dauer unsere Gesundheit gleich mit. Wir schauspielern auf Krampf, trauen uns nicht, die eigene Meinung oder Nein zu sagen, aus Angst, die andere Person könnte enttäuscht sein und uns ablehnen. Das Gegenteil ist der Fall: Die Leugnung unserer Wünsche und Bedürfnisse führt zum Verlust unserer Selbstachtung und des Respektes durch andere.

Es sind die Ecken und Kanten, die uns einzigartig machen und uns kompetent wirken lassen. Unser Handeln, unsere Wünsche und Bedürfnisse werden sich nicht mit der ganzen Welt decken. Es wird immer wieder Menschen geben, die enttäuscht sind, weil wir nicht so handeln, wie sie es gerne hätten. Gleichzeitig gibt es Menschen, die uns genau dafür achten – einschließlich uns selbst, wenn wir morgens in den Spiegel schauen.

Versuchen Sie, es jedem Recht machen zu wollen und jedem nach dem Mund zu reden, dann verlieren Sie nicht nur den Respekt von anderen, sondern auch Ihre Selbstachtung. Sie ärgern sich, Sie werden unzufrieden und Ihr Glücks- und Wohlfühlfaktor geht baden.

Sie können keinen Kuchen für die ganze Welt backen. Es wird immer jemanden geben, der keine Schwarzwälder Kirschtorte mag. Und das ist auch gut so. Im Grunde geht es doch darum, eine gesunde Beziehung im privaten und geschäftlichen Leben zu führen, ohne sich dabei zu verbiegen.

07– Der eigene Wert

Neulich in einem Verkaufsseminar: Die Trainerin hält einen 100-€-Schein in der Hand und fragt: „Wer von Ihnen möchte diesen Geldschein haben?" Alle Teilnehmer:innen melden sich. Die Trainerin sagt, dass sie vorher etwas tun möchte. Sie zerknittert den Schein und wirft ihn anschließend auf den Fußboden.

Sie fragt, wer den Schein noch haben möchte?

Wieder schnellen die Hände nach oben.

Die Trainerin fragt: „Was ist, wenn ich Folgendes tue?" Sie hebt ihren Schuh und tritt, wie eine Verrückte, auf dem Schein herum, bis dieser richtig schmutzig ist.

„Wer möchte den Schein jetzt noch haben?"

Es gehen wieder alle Arme in der Luft.

Dann sagte die Trainerin: „Sie haben soeben eine sehr wertvolle Lektion gelernt. Was auch immer mit dem Schein geschehen ist: Sie wollten ihn haben. Warum? Weil Sie wussten, dass der 100-€-Schein seinen Wert behält, ganz egal, wie er aussieht. Es sind und bleiben 100 €."

Im Business und im Leben kann Ihnen genau das passieren: Es gibt Tage, da bekommen Sie ein NEIN. An anderen sind Sie zerknittert. Sie verlieren Ihren Job. Und manchmal fühlen Sie sich, als wären Sie wie durch den Dreck gezogen. All das kann passieren. An solchen Tagen fühlen sich Menschen wertlos. Sie haben das Gefühl: Ich kann nichts, ich bin nichts, ich bin nichts wert ...

Stopp it!

Ganz egal, was Ihnen passiert: Sie verlieren niemals Ihren Wert. Sie bleiben wertvoll. Sie bleiben wertvoll für die Menschen in Ihrem Umfeld, die Sie so schätzen und lieben, wie Sie eben sind: einfach unbezahlbar. Denken Sie daran – gerade auch in herausfordernden Zeiten.

„Die weise Frau fragt nicht, wer sie ehrt. Nur sie allein bestimmt ihren Wert." (abgewandeltes Zitat von Johann Gottfried Seume)

Verkaufen Sie sich nicht unter Ihrem Wert. Sie sind wertvoll. Viel Freude bei der eigenen Wert-Schätzung.

08 – Die Kundin, die ihren Umsatz verdoppelte

Es war im April 2018, als ich ein Seminar bei belladonna in Bremen gab zum Thema „Selbstbewusste Preisvermittlung – Qualität hat ihren Preis".

Bei der Vorstellungsrunde passierte der Lacher des Tages. Eine Teilnehmerin sagte: „Ich bin hier falsch. Ich wollte zum Gelassenheitsseminar."

Nachdem sie

1. feststellte, dass sie tatsächlich mehr Gelassenheit bräuchte und

2. beschloss, dass das Thema Preis auch wichtig für sie und ihr Kosmetikstudio sei,

blieb sie bis zum Ende des Seminars.

Zwei Tage später erhielt ich ein positives Feedback für die inspirierenden Seminar-Stunden. Die Teilnehmerin buchte ein Inhouse-Training für sich und ihre Mitarbeiterin mit den folgenden Zielen:

Den Umgang mit den Kundinnen zu verbessern.

Zu lernen, Produkte zu verkaufen.

Die Kundinnen zu überzeugen, die Produkte vor Ort und nicht im Internet zu kaufen.

Gespräche am Telefon zu optimieren.

Eine einheitliche Kommunikation, ohne rumzueiern, sondern **auf den Punkt.**

Neukundinnen-Gewinnung, Akquise.

Es fanden insgesamt drei Workshops mit Trainerin-Input statt: Im Mai, Juli und Oktober 2018 Kurz, intensiv und **auf den Punkt**, d. h. zwischen 2,5 bis 3 Stunden. Bereits am 1. Termin im Mai kam ein entscheidender Aha-Moment zu Tage: Die Kundinnen des Kosmetikstudios kaufen keine Creme. Sie kaufen den Jungbrunnen, glatte Haut, Schönheit, Wohlfühlen … Zitat aus dem Training: „Jetzt habe ich verstanden, wie verkaufen geht."

Kurz vor Ostern 2019 besuchte ich meine Kundin in ihrem Kosmetikstudio. Es hatte sich viel getan. Ein weiterer Raum war eingerichtet worden und dann kam das schönste Geschenk, das ich als Coach bekommen kann: den Erfolg meiner Kundin und ihrer Mitarbeiterin mitzuerleben.

Die beiden hatten Ihren Umsatz VERDOPPELT.

Das ist ein grandioses Ergebnis. Chapeau! Jetzt stellt sich natürlich die Frage: Wie haben die beiden das geschafft?

Mit folgendem strategischen Leitsatz:

Wenn ich etwas verbessern möchte, dann muss ich es unbedingt umsetzen!

Am Anfang ging das Verkaufen (ohne zu verkaufen) erst zaghaft. Gleichzeitig fiel den beiden

Frauen auf: Es funktioniert. Es macht Spaß zu verkaufen. Die Kundinnen des Kosmetikstudios freuen sich ebenfalls über die empfohlenen Produkte.

Verkaufen steigert das Selbstbewusstsein. Es war und ist für die beiden wichtig, sich immer wieder an die Erfolge zu erinnern, wenn eine Kundin sagt: „Ich nehme alles."

Am Ball zu bleiben. Sich gegenseitig zu erinnern, wenn sich die negative Kommunikation einschleicht: „Du hast gerade wieder ‚aber' gesagt." Einfach machen, einfach anfangen, einfach umsetzen. Die im Seminar erarbeiteten Strategien, die wertvollen Tipps und Denkanstöße von mir als Trainerin und vor allem, die erarbeiteten Trainingsinhalte umzusetzen, all dies ist so effektiv, dass die beiden so erfolgreich sind – bei gleichzeitig sehr hoher Kundinnenzufriedenheit.

Auch wurde ein Belohnungsritual eingeführt: Immer, wenn ein Umsatzziel erreicht wird, gibt es eine Flasche Prosecco.

Anmerkung: Aufgrund des stetig wiederkehrenden Erfolges wird über ein leberschonendes Belohnungsprogramm nachgedacht.

Was noch wichtig ist: Sich immer wieder neuen Input zu holen, d. h., sich einen Refresher zu „verordnen" mit neuen Themen:

Wo möchten wir noch besser werden?

Was können wir tun, um den Erfolg zu halten und auszubauen?

Auf das Refresher-Training freue ich mich schon sehr.

Das Beispiel zeigt: Ein Training ist nur so erfolgreich wie die anschließende Umsetzung.

Fazit: Sie können durch Fortbildungen nur gewinnen! Dazu bedarf es nur wenig Zeitaufwand, wie oben im Beispiel zu sehen. Es braucht eine umsetzungsfreudige, interessierte Gruppe und eine Trainerin mit Erfahrung, Interesse an der Kundschaft und deren Zielen, Humor sowie die Fähigkeit zu begeistern. An dieser Stelle danke ich allen Kund:innen für ihr Feedback und ihr Vertrauen.

09 – Paradoxe Interventionen im Verkauf

Es war mein erstes Jahr im Pharma-Außendienst. Ich war 30 Jahre jung und brauchte das Geld. Diesen Arztbesuch hatte ich lange aufgeschoben.

Wusste ich doch, dass diese Praxis wichtig und gleichzeitig als schwierig bzw. als Herausforderung unter Kollegen galt. „An den kommst du nicht heran. Er hat maximal 10 Sekunden Zeit. Da darfst du nicht viel sagen. Da hast du keine Chance." Als Anfängerin ist Frau für jeden Tipp dankbar, auch wenn er noch so bescheuert ist.

Der Tag der Wahrheit kam. Mutig betrat ich die Praxis. Der Blick der Medizinischen Fachangestellten an der Rezeption ließ mich erschauern, doch ich blieb standhaft. Auf sämtliche Einwände hatte ich mich vorbereitet:

Die Praxis ist zu voll, keine Zeit.

Lassen Sie erst mal was da.

Heute geht es gar nicht.

Haben Sie einen Termin?

Kommen Sie nächste Woche wieder.

Zu meiner Überraschung wurde ich in einen kleinen Flur geführt und hörte einen neuen Satz von der Mitarbeiterin:

„Bauen Sie schon mal auf."

Damit konnte ich nichts anfangen. Das passte nicht in mein Einwand-Portfolio. So blieb ich stocksteif stehen und fing an nachzudenken. Was um alles in der Welt soll ich aufbauen?

Nach einiger Zeit kam die inzwischen leicht genervte Mitarbeiterin wieder vorbei und sagte:

„Sie haben ja noch gar nicht aufgebaut."

Sprach's und verschwand. Ich für meinen Teil wusste immer noch nicht, was ich aufbauen soll. So drifteten meine Gedanken ab in die Kindheit. Ich dachte an Bauklötze, Türmchen und die tollen Legohäuser, die meine Schwester gebaut hatte. Erneut flitze die Mitarbeiterin an mir vorbei. Kam zurück und blaffte mich an, dass ich jetzt endlich aufbauen solle. So schon mal gar nicht. Ich baue auf, wenn ich das will. Vorher möchte ich jetzt endlich wissen: WAS?

Dann kam er. Der Arzt, vor dem mich alle gewarnt hatten. Er schaute mich an, dann den leeren Tisch, wo nichts aufgebaut war, und dann schaute er wieder mich an. Das Ganze passierte nonverbal ohne Worte, beidseitig. Ich schwieg – er schwieg.

Ich brach das Schweigen (Achtung, jetzt kommt die Paradoxe Intervention) und sagte: „Wenn das so ist, dass Sie hier der Oberförster sind, dann stellen wir das Reh halt wieder hin."

Gerne wäre ich im Erdboden versunken. Ich schwieg und dachte an einen Kollegen, der gesagt hatte, dass jeder Pharmareferent einmal aus einer Praxis fliegen würde. Ich für meinen Teil hatte dies nicht vor. In diesem Moment dachte ich allerdings: Jetzt fliegst du doch …

Ich schwieg beharrlich. Er auch. Dann fing der Arzt an zu lachen.

Er: „Was haben Sie gerade gesagt?"

Ich: „Nichts" … und schwieg beharrlich weiter.

Er: „Doch Sie haben etwas von einem Förster gesagt."

Ich: …

Der Arzt kam aus dem Lachen nicht mehr heraus.

„Kommen Sie mal mit, dass hat ja noch nie jemand zu mir gesagt."

Sprach' s und nahm mich mit ins Beratungszimmer. Ab jetzt hatten wir eine Kommunikation auf Augenhöhe. Ich sagte ihm den Oberförster-Satz, er schrieb ihn mit einem Lachen auf, anschließend fragte er mich nach dem Grund meines Besuchs. Wir sprachen über die Präparate, die in meiner Tasche schlummerten. Ganz ehrlich sagte er mir, was er einsetzen würde und was nicht. Damit konnte ich nach unserem ersten Gespräch sehr gut leben. Mit einem freundlichen Handshake wurde ich von ihm verabschiedet.

Als ich ging, war die Mitarbeiterin stinkesauer und ermahnte mich mit den Worten:

„Nächstes Mal bauen Sie aber gleich auf!"

Das habe ich bei keinem meiner Besuche getan.

Eine Paradoxe Intervention ist wie eine Musterunterbrechung. Sie tun etwas, womit Sie Ihr Gegenüber irritieren, weil es nicht der Norm entspricht oder widersinnig ist. Genau diese Abweichung vom normalen Handeln schafft Aufmerksamkeit und gibt dem Gespräch eine neue Richtung. Die gewohnte Abfolge aus Aktion und Reaktion wird unterbrochen. Sie erreichen Ihre Ziele dadurch schneller.

Diese Methode eignet sich ebenfalls zur Konfliktlösung. Ihre Kundschaft beschwert sich und rechnet damit, dass Sie sich rechtfertigen oder herausreden. Sie sagen einfach: „Stimmt. Sie haben Recht." Ihr Schuldeingeständnis entschärft blitzschnell die Situation.

Noch ein Beziehungsbeispiel? Sie wollen ins Kino. Ihr Partner nicht. Gehen wir jetzt davon aus, dass Sie normalerweise auf ihn einreden: „Nie willst du mit …" usw. Heute sagen Sie einfach: „Ok. Ich wollte sowieso lieber alleine gehen." Oder Sie nehmen eine Wasserpistole und machen ihn nass. (Letzteres war ein Scherz und gleichzeitig ist es auch eine Paradoxe Intervention.)

Erlauben Sie sich ruhig einmal anders zu handeln, anderen Input zu geben und seien Sie gespannt auf die Reaktion Ihres Gegenübers und wie Sie Ihren eigenen Zielen dadurch näherkommen. Abweichung von der Norm schafft Aufmerksamkeit. Und diese ist das A und O in einer erfolgreichen Kommunikation. Frei nach dem Motto: Wenn Sie etwas haben wollen, das sie bisher noch nicht gehabt haben, dann tun Sie etwas, das Sie bisher noch nicht getan haben. Viel Spaß und Erfolg beim Paradox-Sein.

10 – Ihre Kundschaft kauft ... und kommt nie wieder

Stellen Sie sich bitte Folgendes vor: Sie bummeln an einem sonnigen Tag durch die Fußgängerzone. Sie genießen Ihren freien Tag. Sie lassen sich treiben und schauen hier und dort in die Schaufenster. Und dann, ganz plötzlich, nehmen Sie etwas aus dem Augenwinkel wahr. Sie sehen etwas kleines Rotes. Ihr Interesse ist geweckt. Als Sie näher kommen, können Sie es nicht glauben. Sie wissen: Es ist um Sie geschehen.

Nein, es ist kein Paar Schuhe und auch kein Lippenstift, was Sie entdeckt haben. Es ist kein Kleid oder gar ein Schmuckstück. Es ist etwas völlig anderes, das Ihre Sinne verzaubert hat: eine wunderschöne rote Fahrradklingel mit weißen Punkten. Wie erst mag die Melodie dieses Ensembles klingen? Geht zur Seite, Ihr Kreaturen, diese Klingel gehört mir, denken Sie.

In Ihrem Gehirn tanzen die Endorphine, wie Sie es sonst nur bei dem Wort SALE kennen. Zurück zur Klingel: Ihr Gehirn hat ausgesetzt. Sie sind verzaubert. Sie bekommen das Grinsen nicht mehr aus dem Gesicht. Noch hängt das Objekt Ihrer Begierde an einem roten Fahrrad. Macht nichts, denken Sie, die kann ja jemand abschrauben.

Sie betreten das Fahrradgeschäft, steuern auf eine Frau zu. Es ist die Inhaberin des Ladens.

Sie sagen: „Guten Tag, ich möchte die rote Klingel mit den weißen Punkten kaufen."

Sie lächeln und freuen sich darauf, endlich besagtes Objekt klingeln zu hören. Stattdessen hören Sie:

„Die gibt es nur zusammen mit dem Fahrrad!"

Aua. Holzhammer auf dem Kopf. Der Mund steht offen. Sie suchen nach Worten und finden in Ihrem leeren Hirn nichts.

Sie sind sich nicht sicher, ob Sie richtig gehört haben.

Sie fragen erneut: „Die rote Klingel gibt es nur mit dem roten Fahrrad zusammen?"

„Ja."

„Ist das Ihr Ernst?"

„Ja."

Unter normalen Umständen wären Sie jetzt schweigend gegangen. Wissen Sie doch, dass Sie Fahrradklingeln auch woanders kaufen können. Normalerweise …

Heute, an diesem sonnigen Tag, denken Sie an etwas anderes. Sie denken an Ihr eigenes Fahrrad, lila, alt, hässlich, schmutzig und somit diebstahlsicher. Wird es da nicht einmal Zeit für ein neues Fahrrad? Viel haben Sie gearbeitet in letzter Zeit. Wie steht es mit einer Belohnung? Jawohl. You can get it if you really want oder so. Sie blenden aus, dass die Ladeninhaberin Ihnen nicht serviceorientiert begegnet ist. Ziel ist die Klingel.

Sie sagen zu der Frau: „Und was mache ich mit meinem alten Fahrrad?"

„Das nehmen wir in Zahlung."

Ganz kurz überlegen Sie. Da Ihr Hirn immer noch leer ist, hören Sie sich sagen: „Ok, ich komme morgen mit meinem Fahrrad vorbei. Bitte reservieren Sie mir die Klingel, äh, das Fahrrad."

Ladeninhaberin: „In 5 Minuten schließen wir. Das kauft jetzt kein anderer."

Grrrrr. Sie wollen Ihre Reservierung. Wissen Sie doch, dass die Nachfrage nach roten Fahrradklingeln von jetzt auf gleich rapide ansteigen kann. Nicht auszudenken, wie lang die Schlange der kauffreudigen Frauen am nächsten Tag sein könnte …

Ihr Kopf neigt sich nach unten, wie bei einem Stier in der Arena, Ihre Augen werden schmal, während die Augen der Frau größer werden und sie schließlich sagt: „Ok. Ich reserviere es bis morgen." Danke. Geht doch.

Am nächsten Tag radeln Sie bei einer Affenhitze zum Fahrradladen. Ihre Klingel ist noch da. Puh. Zum Glück. Sie wissen weder, ob Sie gut auf dem Rad fahren können, noch, was es kostet und was Sie für Ihren alten lila Drahtesel bekommen. Egal. Hauptsache, die Klingel ist dran.

Die Probefahrt verläuft gut. Sie bekommen noch 80 € für Ihren „Alten" und Sie zahlen nur noch 400 €. Schluck. Für eine Klingel? Kurz kommen Ihnen Zweifel. Doch als Sie die Melodie der Klingel hören, da fühlen Sie sich bestätigt. Ihre Vorfreude ist so groß, dass Sie einfach nicht anders können. Sie sagen: „Wo soll ich unterschreiben?"

Jetzt wollen Sie endlich losradeln. Extra haben Sie Ihr Outfit auf das Fahrrad abgestimmt: rote Sneakers zum neuen roten Fahrrad – herrlich!

Da die Frau nicht fragt, wo es denn bei der ersten Fahrradtour hingehen soll, teilen Sie es fröhlich mit: „Jetzt fahre ich erst einmal zu meiner Freundin und hole sie zu einer Radtour ab. Wir radeln zum Biergarten." Megabreites Grinsen.

Achtung: Jetzt kommt der Satz, der das Ende des Verkaufsvorgangs versaut.

Ladeninhaberin: „Wir fahren gleich noch zum Friedhof."

AAAAAAAAAhhhhhhhhhhhhhhhh

Katzenbaby, Katzenbaby – Sie wollen das Friedhofsbild aus Ihrem Kopf bekommen. Sie möchten die Frau verhauen, ihr einen Vortrag halten mit dem Thema „Wie ungeschickt kann eine Ladeninhaberin sein?".

Sie tun es nicht. Sie fahren schweigend davon. Sie werden den Laden nie wieder betreten. Sie werden den Laden nicht weiterempfehlen, geschweige denn, irgendjemandem erzählen, wo Sie Ihr rotes Fahrrad gekauft haben.

Achten Sie im Verkauf auf die Emotionen Ihrer Kund:innen. Holen Sie diese dort ab, wo sie gerade sind. Und wenn es ein purer Glücksmoment ist, dann freuen Sie sich gemeinsam mit der Kundschaft. So bleiben SIE in Erinnerung.

Stellen Sie sich die Frage, wie Sie die Freude Ihrer Kundin toppen können. Welchen Service bieten Sie, damit die Kundin immer mal wieder in Ihr schönes Geschäft kommt? Und vor allem, Stichwort Empfehlung: Wem wird die Kundin noch von Ihrer freundlichen, kompetenten und vor allem von der sich für die Kundin interessierenden Art erzählen: den Nachbarn, den Arbeitskolleg:innen, den Freund:innen, Eltern mit Kindern …

Wichtig:

Freuen Sie sich mit Ihrer Kundschaft. Interessieren Sie sich für die Kundschaft. Bieten Sie einen grandiosen Service, der ins Herz trifft. Warum? Damit Sie gute Bewertungen erhalten, damit Sie weiterempfohlen werden und damit die Kundschaft weitere

Produkte bei Ihnen kauft und vor allem, damit sie sich an SIE erinnert.

Überlegen Sie einmal: Wenn Ihre Kundin Ihr Geschäft, Ihr Training, Ihr Coaching verlässt, was wird sie über SIE erzählen? Hoffentlich nur Positives.

In diesem Sinne: Viel Spaß beim Radfahren, äh, Verkaufen mit Leidenschaft. Hatte ich erwähnt, dass ich ein rotes Fahrrad besitze?

11 – Negativitätstheorie

Sie hören folgenden Satz von Ihrem Kunden (das ist jetzt mal ein Mann): „Ihr Angebot ist gut, aber es ist ganz schön teuer." Halten Sie jetzt bitte einen Moment inne und fragen Sie sich:

Welcher Teil des Satzes ist bei Ihnen hängen geblieben?

Bei den meisten Menschen bleibt der zweite Teil hängen: Es ist zu teuer. Und schon stehen Sie vor der Problematik: Was sage ich jetzt? Oder Sie kapitulieren gleich. Frei nach dem Motto: Andere sind besser, günstiger, bekannter usw. Warum ist das so? Warum konzentrieren wir uns mehr auf die negativen Aspekte als auf die Positiven?

Unser Gehirn tickt so. Für unser Gehirn ist Schlechtes spannender. Wenn wir etwas Negatives hören, dann werden viel mehr Impulse im Gehirn aktiviert als bei positiven Informationen.

Negatives = Technoparty, Positives = Tanztee. So in der Art. Mehr Aktivität im Gehirn bedeutet, es bleibt mehr hängen.

Psychologen nennen dies Negativitätsbias. Das bedeutet nichts anderes, als dass sich Menschen eher an Niederlagen als an Erfolge erinnern. Sie nehmen Kritik mehr wahr als Lob. Dies hat etwas mit der Evolution zu tun. Ängste bereiten uns den Weg zur Flucht. Kein Urzeitmensch hätte gesagt: „Och, lass mal, der Säbelzahntiger läuft bestimmt vorbei." E-her hat er sich daran erinnert, dass beim letzten Mal der Großvater gefressen wurde, und es nun Zeit ist, ums Überleben zu kämpfen.

Unser Gehirn „denkt" in Bildern. Genau das machen sich Gedächtnistrainings zunutze:

Einmal angenommen, Sie wollten sich merken, wer die Thermoskanne erfunden hat. Es war Reinhold Burger. Das ist nicht spannend. Keine Technoparty. Wenn Sie sich jetzt allerdings vorstellen, dass der „Burger" in die Thermoskanne gestopft wird (iiiiihhh), dann ist das nicht nur ekelig, sondern spannend für das Gehirn. Vor sechs Jahren durfte ich das lernen. Und siehe da, ich weiß es immer noch.

Noch ein Beispiel: Sie haben 100 Kund:innen in Ihrem Geschäft bedient. Es war eine „Hackfresse" dabei. Wen nehmen Sie (in Gedanken) mit nach Hause? Na klar: die Hackfresse. Die bleibt in Erinnerung. Und jedem, der es hören will (oder nicht), erzählen Sie von der Hackfresse. Warum nehmen Sie nicht die 99 tollen Kund:innen mit nach Hause? Die, die freundlich zu Ihnen waren. Die, die sich bei Ihnen für die tolle Beratung bedankt haben? Nein, es muss die Hackfresse sein. Das ist viel interessanter (nicht nur für unser Gehirn).

Im Verkauf gilt: Überlisten Sie Ihr Gehirn, indem Sie sich auf die positiven Textpassagen Ihres Kunden fokussieren.

Zurück zu unserem ersten Beispiel: „Ihr Angebot ist gut, aber es ist zu teuer."

„Das freut mich, dass Ihnen das Angebot gefällt. Was hat Ihnen besonders gut gefallen?" So gelangen Sie und Ihr Kunde erst einmal weg vom Preis und hin zu seinem Bedürfnis. Von hier lässt es sich leichter argumentieren.

Noch etwas, sozusagen der gute Tipp zum Schluss:

Ihr Kunde sagt: „Geht da noch etwas mit dem Preis?" Sie denken: „Mist, jetzt will der auch noch Prozente ..." Lesen Sie den Satz noch einmal. Was hat der Kunde genau gesagt?

Antworten Sie einfach mal mit einem Augenzwinkern: „Ja, selbstverständlich. Nach oben sind keine Grenzen gesetzt. Wie viel mehr möchten Sie zahlen?"

12 – Kaufrausch oder Selbstkontrolle

Sollten Sie vor Kurzem ein Sonderangebot gekauft haben, dann seien Sie sich sicher: Das waren nicht Sie, die es gekauft hat. Es war ihr Gehirn.

Denn in Zeiten von SALE setzt unsere walnussähnlich aussehende Masse im Kopf regelmäßig aus bzw. unser Belohnungssystem setzt ein. Das reduzierte Angebot lässt auf einen Artikel schließen, den es so nur für eine begrenzte Zeit gibt.

Wir werden zum Kaufen animiert, weil unser Belohnungssystem im Gehirn aktiviert wird. Dies löst nicht nur positive Erwartungen aus, sondern setzt gleichzeitig unsere Selbstkontrolle außer Kraft. Somit wird ein impulsives Verhalten (= ein Kauf) ausgelöst, für das wir quasi gar nichts können.

Als Frau hatten Sie bereits für besondere Situationen die perfekte Ausrede zur Hand: Ich bin ein „Opfer" meiner Hormone. Immer dann, wenn es um schlechte Laune, Stimmungsschwankungen, Schweißausbrüche, Vergesslichkeit und Fressattacken ging. Jetzt – hurra – sind wir auch noch ein „Opfer" unseres Gehirns. Wie cool ist das denn? Kaufen, bis die Kreditkarte quietscht. Der einzige Haken: Unser Gehirn zahlt die Angebote nicht. Och Mensch.

Das Ganze wird durch das Wort Weihnachten getoppt. Insider behaupten, es sei ein Fest der Liebe.

Andere wiederum behaupten, es sei ein Fest für den Konsum und Kaufrausch pur. Schritt für Schritt dem SALE und der Deadline auf den Fersen.

Ich erinnere mich an das Gespräch mit einem Unternehmer, der mir von seinen Weihnachtseinkäufen für die Familie erzählte. Er ging zu dem Verkäufer, gab ihm die Hand, stellte sich mit seinem Namen vor (ja, wirklich) und sagte dann: „Morgen ist Heiligabend, ich habe 3 Kinder im Alter von 3, 5 und 7 Jahren. Bringen Sie mir bitte alles, was Kindern in dem Alter Freude macht." Hier war SALE egal, hier ging es lediglich um das Einhalten der Deadline: 24.12.

Übrigens eine wichtige Frage, die Sie sich unbedingt nach dem Kaufrausch stellen sollten: Was mache ich mit meinem gesparten Geld? Natürlich, Sie investieren in sich: In Fortbildungen, in Coachings, in Urlaub, in die Freizeitgestaltung. Oder etwa nicht?

Fakt ist: Die Leidenschaft besteht nicht nur im Verkaufen, sondern auch im Kaufen.

Der Tipp zum Schluss: Wenn Sie Ihre Selbstkontrolle zurückgewinnen möchten, dann stellen Sie sich bei jedem (reduzierten) Artikel, den Sie kaufen wollen, folgende zwei Fragen: Brauche ich das wirklich? Wie wird mein Leben ohne dieses Produkt sein – besser, schlechter, gleichbleibend? Viel Spaß mit Ihrem Gehirn.

13 – Kund:innenfrust killt Kauflust

Es war Samstag. Ein guter Tag, um sich mit bester Laune, Zeit und Muße dem Thema „Mein neuer oder Jahres-Firmenwagen" zu widmen. Ein Audi A1 sollte es vielleicht werden. Denn seit ich bei einer Freundin in eben diesem PKW mitgefahren war, schlug mein Herz für dieses Modell.

Mein Mann und ich fuhren in ein großes Autohaus in Norddeutschland. Wie immer, wenn ich mit Kaufwunsch unterwegs war, dachte ich, dass mir mein Interesse sicherlich ins Gesicht geschrieben steht, und die Autoverkäufer:innen sich mit Hinblick auf Umsatz und eine neue Kundin auf mich stürzen würden.

Dachte ich. Und da stand er auch schon:

Schwarzglänzend und einfach nur schön. Dieses Auto lächelte mich förmlich an: „Hey Susanne, ich könnte dein Neuer sein." Er hatte nicht alles, was ich mir wünschte, doch aus diesem Grund war ich ja im Autohaus, um mich bezüglich meiner Wünsche und der Details beraten zu lassen.

Mein Mann und ich sahen keinen freien Verkäufer (ja, es waren nur Männer zugegen). Dann sah ich ihn: jung und dynamisch. Der sollte mein Verkäufer sein. Ich ging auf ihn zu und er – drehte sich weg und ging weiter. Nicht nett. Ich hinterher. „Guten Tag, ich interessiere mich für den A1."

Verkäufer: „Äh, ja, ich habe gerade keine Zeit. Ich muss noch etwas fertig machen."

Ich: „Und welcher Kollege hat Zeit?"

Verkäufer: „Ja, ähm, ich mache das gerade noch fertig und dann mache ich das."

Ich: „Sie machen was?"

Verkäufer: „Ich habe dann Zeit."

Ich: „Ok"

Verkäufer: „..."

Ich: „Wir sind hier beim A1".

Keine 5 Minuten später bittet der Herr uns zu seinem Schreibtisch im ersten Stock, fragt auch noch nach einem Getränkewunsch. Pluspunkt. Er legt seine Karte hin. Und fragt nicht nach unseren Namen. Minuspunkt. Ich sage, dass ich in absehbarer Zeit einen neuen Firmenwagen kaufen möchte, bereits im A1 mitgefahren sei und den schön finde.

Er fragt nicht, was mir wichtig ist, wie viele Kilometer ich im Jahr fahre, ob Automatik oder Schalt.... Er interessiert sich in keiner Weise für mich als Kundin. Minuspunkt. Ich sage ihm, was mir wichtig ist. Dann erzählt er die Details meinem Mann. Minuspunkt. Wer kauft das Auto noch mal? Wer möchte in Fahrspaß investieren? Minuspunkt. Er rechnet im PC den Preis aus.

Ich: „Haben Sie den PKW mit Automatik konfiguriert?"

Verkäufer: „Nein, das hätten Sie mir sagen müssen. Dann wird das teurer." (50 Minuspunkte) Die Übersetzung für diesen Satz in meinen Gedanken: Das ist doch wohl klar, dass SIE das vorher fragen sollten ... Und: Niemals „Dann wird das teurer" sagen!!!

Ich schäume innerlich. Mein Mann wirft mir einen besorgten Seitenblick zu. Weiß er doch, was in mir gerade vorgeht.

Verkäufer: „Sie können es sich ja überlegen."

Was denn? Was soll ich mir überlegen? HÄ? Kein Noch-mal-Hingehen zum Auto. Kein Upgrade-Versuch à la „Der Sitz, der Ihnen wichtig ist, ist im Q2 eingebaut. Setzen Sie sich doch einmal hinein"?

Der Verkäufer weiß immer noch nicht, wer ich bin. Er kann mich somit auch nicht informieren, wenn ein passendes Auto hereinkommt, geschweige denn eine Probefahrt für mich organisieren. Wir gehen mit seiner Visitenkarte und dem Angebot, das ich sofort wegwerfe.

Kund:innenfrust killt Kauflust.

Ich kann es immer noch nicht glauben, dass ein renommiertes Autohaus derart schlecht geschulte Verkäufer auf die Kundschaft loslässt.

Finde die Fehler!!!

Gerade beim Autokauf ist es wichtig, den Namen der Kundschaft zu kennen.

Warum?

Weil Sie somit am Anfang und am Ende des Gesprächs die Kund:innen mit Namen ansprechen können und weil jeder Mensch gerne seinen eigenen Namen hört.

(Anmerkung: Bitte nicht das amerikanische Prinzip übernehmen, sein Gegenüber nach jedem zweiten Satz mit Namen anzusprechen, das mögen nicht nur Bremer:innen gar nicht, dann sind wir schnell genervt.)

In diesem Fall wären selbstverständlich auch die Kontaktdaten der Kundin wichtig gewesen: zum Nachfassen, für Probefahrten, für Informationen über Aktionen usw.

Bei dem Satz „Ich interessiere mich für …" sollten alle Alarmglocken (im positiven Sinne) klingeln und die Verkäufer:innenformel sofort anspringen:

Kundin mit Interesse = Kauf = zufriedene Kundin = Umsatz = Provision = Kundinnenbindung = Wiederholungstäterin bis zur Rente, hurra!!!

Und nicht: Ich mach das noch fertig. Sondern: In 5 Minuten bin ich für Sie da. Möchten Sie in dieser Zeit schon einmal in Ihrem A1 Platz nehmen? Ich komme dann gleich zu Ihnen. Ist das ok für Sie?

Anmerkung: Eine Woche später sah ich Folgendes auf der Website des Autohauses: Genau „mein" PKW mit meiner „Traumkonfiguration" war dort eingetroffen. Wenn der Verkäufer plietsch gewesen wäre und meine Kontaktdaten gehabt hätte, dann hätte er mich sofort angerufen und gesagt: „Frau Henneke, wir haben gerade einen A1 hereinbekommen und dabei habe ich an Sie gedacht. Wann möchten Sie Probe fahren?"

Und wer weiß, vielleicht würde ich dann jetzt keinen Mini, sondern Audi fahren. Schade … für wen?

Dazu fallen mir zwei Zitate ein:

In der Leidenschaft lebt der Mensch, in der Vernunft existiert er bloß. (Nicolas Chamfort)

Ich interessiere mich schon für viel, für den Rest aber einfach nicht. (Rebecca Freya Marie Posovszky)

14 – Wie ein kleiner Vogel erfolgreich verkauft wurde

Ein Beispiel für Verkaufen mit Leidenschaft aus meiner Zeit als Dentalfachberaterin.

Es ging um die Einführung eines neuen Produktes namens Kolibri, das uns auf einer Tagung präsentiert wurde. Kurz: Es war ein batteriebetriebenes, kleines Handgerät zur elektrischen Zahnzwischenraumreinigung für zu Hause. Mit zwei Aufsätzen: einem Plastikzahnstocher und einer Zwille, in der Zahnseide eingespannt war.

Meine Kolleg:innen tobten: So einen Scheiß braucht kein Mensch. Total umweltunfreundlich wegen der Batterie. Wer zahlt dafür 10 €? Das ist total unpraktisch und nicht anwendbar … Können Sie sich vorstellen, wie viele Kolibris diese Kolleg:innen verkauft haben? Mit diesem Mindset? Richtig. So gut wie keinen.

Meine Lieblingskollegin und inzwischen Freundin und ich sahen uns nur an und nickten. In der Pause der Tagung entwickelten wir eine Strategie: Wer kann den Kolibri gebrauchen? Wo schließt er eine Lücke in der manuellen Zahnzwischenraumpflege? Für wen ist er noch geeignet? Welchen Nutzen hat das kleine blau-weiße Produkt? Was verbirgt sich hinter dem Namen – Stichwort Storytelling: Kolibris führen ihren Schwirrflug mit einer sehr hohen Frequenz von 40 bis 50 Flügelschlägen pro Sekunde aus. Mit ihren beweglichen Flügeln können sie auf der Stelle fliegen, um zum Beispiel Nektar zu trinken. Sie können auch seitwärts und sogar rückwärts fliegen. Damit ist der Kolibri der einzige Vogel auf der Welt, der diese Fähigkeit besitzt. Und genauso stark ist der Kolibri in den Zahnzwischenräumen, weil ...

Damit gingen wir in der nächsten Woche raus zu unseren Zahnarztpraxen. Und wir verkauften ohne Ende den Kolibri. Unsere Begeisterung steckte die Mitarbeiter:innen in den Praxen an. Wir positionierten es als Nischenprodukt für die Patient:innen, die mit Zahnzwischenraumpflege Probleme haben. Wir sorgten für die richtigen Bilder in den Köpfen der Kundschaft. Allen war dadurch klar: Wir brauchen den Kolibri. Meine Verkaufszahlen waren gigantisch. Und mit Abstand die besten.

Was war passiert bei den anderen? Sie sind mir einer miesen Stimmung und den falschen Sätzen in die Praxen gegangen. „Es gibt da was Neues. Braucht kein Mensch. Elektrische Zahnseide ..." So kauft niemand.

Menschen kaufen am liebsten von erfolgreichen, begeisterten und selbstbewussten Verkäufer:innen. Sie wollen überzeugt und begeistert werden. Sie möchten die Sicherheit vermittelt bekommen, dass ihre Kaufentscheidung die richtige ist. Und genau das schaffen Sie nur, wenn Sie selbst begeistert sind. Laufen Sie nicht auf Sparflamme ins Verkaufsgespräch. Seien Sie ein Bunsenbrenner. Hell und brennend.

Der zweifache Formel 1 Weltmeister Mika Häkkinen brachte es auf den Punkt: „It's a minds game." Das Spiel beginnt im Kopf. Und genau das ist ein wichtiger Tipp: Sehen Sie es als Spiel. Dann ist Verkaufen kinderleicht.

Über die Autorin

Susanne Henneke wurde 1967 in Niedersachsen mit dem Verkäuferin-Gen geboren. Nach turbulenten Zeiten in der Apotheke sowie knallharten Verkaufs- und Preisgesprächen im Pharma- und Dental-Außendienst ist sie seit 2012 als Verkaufs-Mentorin und Unternehmensberaterin selbstständig.

Mit dem Verkaufs-Theater begeisterte Sie das Publikum. Sie ist die Begründerin des Wortes Preisstolz© und lebt, was sie liebt: Frauen begeistern – für den „Verkauf mit gutem Gefühl".

Seit März 2024 ist sie Mitgründerin der FRAUEN-ERFOLGS-AKADEMIE.

www.susannehenneke.de

www.frauen-erfolgs-akademie.de

Zeitfracht Medien GmbH
Ferdinand-Jühlke-Straße 7
99095 Erfurt, Deutschland
produktsicherheit@kolibri360.de